CONTENIDO

PRÓLOGO

El objetivo de este libro es enseñarte los 20 cocteles más famosos del mundo, sus ingredientes, su preparación, su nacionalidad y alguna característica relevante.

Es probable que alguno de los que encuentres acá en este recopilado no lo conozcas o consideres que falto alguno por incluir en la lista, por eso al final del libro te dejo mi correo, para que me hagas las recomendaciones o críticas que consideres necesarias al respecto.

Esta recopilación la hice de acuerdo a mi experiencia, criterio y estudio, pero está sujeta a modificaciones.

La manera más eficaz de aprender es haciendo y probando, así vas aprendiendo y reconociendo en que momento puedes ir cambiando o incrementando las cantidades o los ingredientes de acuerdo a tu gusto o de los invitados que tengas en tu reunión.

Incluso algunos cocteles son permisivos y puedes cambiar el componente principal, en este libro aprenderás las recetas clásicas.

Recuerda siempre, que un barman debe estar en constante innovación y cambiar las combinaciones hace parte de su ADN, por eso te insisto que la practica hace al maestro, así que adelante.

En esta clasificación encontraras cocteles clásicos, aperitivos, refrescantes, elegantes, sobrios, glamurosos, seductores y excelentes acompañantes para compartir con tu familia y amigos.

Dependiendo de dónde estés, es probable que no encuentres algunos ingredientes, pero siempre se podrá remplazar por otro, por ejemplo: La lima, si no la encuentras la puedes remplazar por el limón o viceversa, ten en cuenta que son parecidos, ambos son cítricos y tienen muchas propiedades en común pero la gran diferencia está en su aroma y acidez.

Para una persona que no tiene mucho conocimiento es probable que no encuentre la diferencia, pero para un conocedor sí. Para bebidas fuertes lo más recomendado es la lima, puesto que esta tiene mayor acidez. Si lo que quieres es equilibrar bebidas suaves y tener más aroma el recomendado es el limón.

Siempre que prepares un coctel ten en cuenta todos los detalles que te damos en cada una de las recetas, siempre será importante contar con licores e ingredientes de buena calidad, así como los zumos te invito a que los prepares de manera natural, aunque también venden unos zumos preparados que dan un buen resultado.

Es importante contar con los utensilios necesarios, Shaker o coctelera, Jigger o medidor, Colador, Exprimidor, Cuchara de trenzas, Mortero, Hielera, Pinzas, Pajitas o Pitillos, Sombrillas, Hielo industrial, Copas variadas.

Y recuerda que la presentación es un factor importante, dependiendo del trago y el gusto de cada persona, debes tener rodajas de limón, rodajas de naranja, triángulos de piña, corteza de naranja en espiral, aceitunas, cerezas.

GLOSARIO COCTELERO

Ahora que empiezas a preparar tus propios cocteles es probable que no conozcas algunos términos, utensilios, copas y vasos, por lo tanto te hago una breve lista de algunos elementos que encontraras en este libro y que de pronto no has escuchado o no tienes claro para que sirven o que hacen.

Utensilios de Coctelería

Shaker o coctelera

Esta será nuestra gran aliada para lograr mezclas perfectas, las hay metálicas, de vidrio o plásticas, pero la que recomiendo es la metálica por ser más difusora del frio y más resistente, las hay de todos los presupuestos, con una que tenga las 3 piezas básicas es suficiente, lata, tapa y colador.

Jigger o vaso medidor

Este recipiente tiene viene en acero inoxidable y trae las medidas grabadas, es una copa doble que nos ayuda para que las cantidades a mezclar vayan en sus proporciones exactas.

Cuchara imperial

Son cucharas fabricadas en acero inoxidable de mango largo, para mezclar bebidas y edificar cocteles por capas. Algunas traen un pincho al extremo contrario de la cuchara para tomar las garnituras (Cerezas, Limones, Limas, Naranjas, Piñas, Aceitunas).

Vaso mezclador

Es un recipiente en cristal, especialmente diseñado para los cocteles que deben ser mezclados y no agitados.

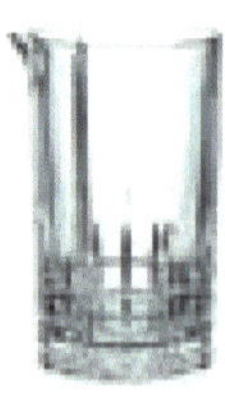

Dosificadores

Son pequeños elementos que se colocan en los picos de las botellas para tener un mejor control y medida de los ingredientes.

Adicionalmente contamos con otros utensilios que no explicaremos, porque no los necesitaremos para preparar estos 20 cocteles, y otros que no profundizaremos porque son de conocimiento general como, Pinzas, Exprimidor, Hielera, Mortero, Colador, Cuchillo, Sacacorchos, Rallador, Abrebotellas, Picador de hielo, Pala de hielo, Abrelatas, Tabla de cortar, Portavasos, Servilleteros, Sombrillas decorativas.

Copas y Vasos

Copa Margarita – 200-250 ml.

Es una copa de tallo alto, con una base mediana y una apertura ancha, se utiliza para el margarita y en ocasiones para el daiquiri.

Copa Martini – 150-200 ml.

Es una copa clásica y elegante de tallo alto, y una boca de gran apertura, se utiliza para el Martini, Manhattan, Daiquiri y otros que se sirvan muy fríos.

Vaso Highball o Tumbler – 300 ml.

Es un vaso alto y estrecho para tragos largos, por su tamaño permite añadir muchos hielos, los cocteles se pueden mezclar directamente en el.

Copa Hurricane – 400 ml.

Es una copa ancha en la base, angosta en el centro y ancha en la boca, es estilizada y atractiva, ideal para cocteles tropicales como la Piña colada, Daiquiri.

Vaso Old Fashioned – 250 ml.

Generalmente se usa para servir whisky, para cocteles se usa en bebidas que incluyan cubos de hielo en su presentación, es un vaso ancho y bajo.

Vaso Collins o Vaso Tubo – 295-435 ml.

Es un vaso bastante largo y delgado, llamado así por ser utilizado para para servir el popular coctel Tom Collins, también es utilizado para servir, refrescos, gaseosas, jugos y cocteles sin mucho hielo.

Copa de Balón – 350ml.

Es una copa ancha en la base y angosta en la boca, es la copa utilizada para el famoso Gin tonic.

Como en el anterior apartado, existen muchas más copas y vasos, pero por ahora te hablo de los que vamos a utilizar para estos 20 cocteles, también veras que algunos cocteles se pueden servir en diferentes copas o vasos.

Copas y Vasos

Escarchar la copa

Consiste en humedecer el borde la copa, casi siempre con limón, naranja o algún otro cítrico y voltearlo colocándolo sobre un plato con sal o azúcar para que se adhiera al borde, con esto conseguimos una mejor presentación y un complemento al sabor de la bebida. Si vas a usar sal, te recomendamos sal kosher, ya que da un mejor sabor y un aspecto más profesional.

Triple seco

Es un licor obtenido de la destilación de las cascaras de naranja con 40° de alcohol, es incoloro y su nombre se debe a que se obtienen después de una triple destilación.

Vermut Rojo

Es un complemento que combina vino, hierbas, raíces, cortezas, flores, frutas y especies, en fin es una bebida que combina lo dulce y amargo.

Amargo de Angostura

Es un compuesto liquido alcohólico con un alto volumen de alcohol 44.7%, generando un sabor amargo. Está elaborado con más de 25 productos botánicos.

Campari

Es un aperitivo italiano, dulce y de mucho color, también conocido como Garibaldi, compuesto de dos ingredientes el campari de milano y naranjas del sur de Italia.

Cachaza

Es una bebida alcohólica destilada del Brasil. Se obtiene de la destilación de la caña de azúcar fermentada, algunos lo relacionan con el ron.

Drambuie

Es una bebida escocesa elaborado a base de malta y miel de brezo, además de hierbas y especies, mezclándolo con whisky escoces da un delicioso sabor intenso y profundo.

En este listado están los diluyentes necesarios para preparar estos 20 cocteles, desde luego que hay muchos más, asi como diferentes marcas en el mercado y otros que son más comunes y no es necesario explicarlos detenidamente.

Los 20 cocteles más famosos del mundo
País de procedencía y componentes

Margarita - Mexico
Tequila, Triple seco, Zumo de lima, Hielo y Sal

Manhattan - Estados Unidos
Whisky, Vermut rojo, Amargo de angostura, Cereza, Hielo

Bloody Mary - Francia
Vodka, Zumo de tomate, Zumo de limón, Salsa tabasco, Salsa Worcestershire o salsa inglesa, Sal, Hielo picado, Pimienta negra, Ramas de Apio

Daiquiri - Cuba
Ron blanco, Zumo de lima o limón, Azúcar y Cubos de hielo

Negroni - Italia
Vermut rojo, Campari, Ginebra, y Cubos de hielo

Tom Collins - Estados Unidos
Ginebra, Zumo de limón, Soda, Azúcar y Cubos de hielo.

Mojito - Cuba
Ron cubano, Jugo de lima, Hierbabuena o Menta, Azúcar, Soda, Hielo picado.

Caipirinha - Brasil
Cachaza, Lima o limón, Hielo y Azúcar.

Mai Tai - Estados Unidos
Ron añejo, Ron blanco, Triple seco, Zumo de lima, Amaretto, Zumo de piña, Azúcar y Hielo picado.

Martini - Estados Unidos
Ginebra, Vermut seco, Hielo picado y Aceitunas

Piña Colada – Puerto Rico
Ron Blanco, Leche de coco, Piña y Cubos de hielo

Sidecar - Francia
Cognac o brandy, triple seco y zumo de limón

Gintonic - India
Ginebra, tónica, Hielo y Limón

Black Russian - Belgica
Vodka, Licor de café, Hielo y Cola (Opcional)

Cosmopolitan – Estados Unidos
Vodka, triple seco, zumo de lima y zumo de arándanos

Destornillador - Estados Unidos
Vodka, Jugo de naranja, y cubos de hielo

Old Fashioned - Estados Unidos
Whisky, Soda, Un chorrito de Angostura, Azúcar, corteza de naranja y Cerezas al marrasquino

Gimlet – Reino Unido
Vodka, Zumo de lima o limón, Soda

Sex on the Beach - Estados Unidos
Vodka, Licor de melocotón, Zumo de arándanos, Zumo de naranja, y Cubos de hielo

Rusty Nail – Reino Unido
Whisky escosés, Drambuie, Hielo.

Margarita

Ingredientes:

Tequila: 75 ml.
Triple seco: 25 ml.
Zumo de lima: 25 ml
4-5 cubos de hielo
Sal

Preparación:

Lo primero que hacemos es escarchar la copa con limón y sal. Posteriormente procedemos a mezclar los ingredientes en el shaker o coctelera, con la ayuda del jigger o medidor para lograr una perfecta mezcla en el siguiente orden: colocamos el zumo de lima, luego el triple seco, después el tequila, finalmente colocamos los cubos de hielo y agitamos el shaker durante 15 segundos.

Servimos el coctel con la ayuda de un colador para evitar que pasen los hielos en la copa previamente escarchada y la podemos decorar con una rodaja de limón.

Algunos prefieren servirlo con hielo y otros lo prefieren puro para degustarlo mejor.

Recomendaciones:

La manera más aconsejable de disfrutarlo es ir girando la copa, para degustar el coctel con un poco de sal y lima en cada trago.

Es una bebida ideal para días calurosos donde necesitemos refrescarnos, teniendo siempre precaución porque es una bebida con un alto grado de alcohol.

Manhattan

Ingredientes:

Whisky: 100 ml.
Vermut rojo: 25 ml.
Amargo de angostura: 7 ml.
4-5 Cubos de hielo
Cerezas: 2 Unidades
Limón: 1 Rodaja

Preparación:

Lo primero que realizamos es enfriar la copa, que debe ser una copa en forma de V, Tipo Martini o tipo margarita. Posteriormente en el shaker o coctelera agregamos el vermut, las 2 gotas de amargo de angostura, de manera opcional podemos colocar una cascara de naranja para lograr un sabor ácido y por último el Whisky. Finalmente agregamos 4-5 cubos de hielo y batimos.

Luego de obtener una buena mezcla, retiramos los hielos y con ayuda del colador servimos el contenido lentamente en la copa.

Para lograr una mejor presentación lo acompañamos con un par de cerezas al marrasquino y una rodaja de limón en el borde.

Recomendaciones:

El manhattan es uno de los cocteles más clásicos, elegante y atractivo, pues su combinación con toques amargos y dulces son muy apetecidos por los mejores paladares.

Se recomienda como aperitivo y es muy importante que la copa no tenga hielo, para no echar a perder el coctel.

Bloody Mary

Ingredientes:

Vodka: 60 ml.
Zumo de tomate: 150 ml.
Zumo de limón: 10 ml.
Salsa Worcestershire o Salsa inglesa: 3-4 gotas
Salsa tabasco: Al gusto
Sal: 1 pizca
Pimienta negra molida: Al gusto
Cubos de Hielo
Ramas de apio y limón para decorar

Preparación:

Colocamos en el vaso mezclador hielo hasta ¾ partes para enfriarlo, después de 1 minuto extraemos el agua sobrante, vertemos inicialmente el zumo de tomate, y el vodka, revolvemos durante 15 segundos, luego aplicamos el zumo de limón, colocamos las gotas de la salsa worcestershire, la pizca de sal y la pimienta negra.

Después aplicamos las gotas de tabasco y revolvemos con cuchara y lo degustamos hasta lograr el toque que queremos.

Por último servimos el coctel en un vaso highball que es alto y angosto, con la precaución de que no pasen los hielos y decoramos con la rama de apio y 1 rodaja de limón.

Recomendaciones:

El Bloody mary es ideal como aperitivo, por su combinación de sabores picantes y salados, es un coctel refrescante, delicioso y saludable por sus ingredientes, bien frio es ideal para resacas.

Daiquiri

Ingredientes:

Ron blanco: 60 ml.
Zumo de lima: 20 ml.
Azúcar: 2 cucharadas
Hielo: 3-4 cubos

Preparación:

La primera recomendación es enfriar el ron antes de preparar el coctel, empezamos vertiendo en el shaker o coctelera el zumo de lima recién exprimido, luego agregamos el azúcar, después el ron blanco y agitamos el shaker durante 15 segundos.

Agregamos los 4-5 cubos de hielo, batimos nuevamente otros 15 segundos y lo servimos con la ayuda del filtro o colador.

Algunas personas lo prefieren en una copa Martini y otros lo prefieren en una copa hurricane. Para su presentación lo podemos decorar con una rodaja de limón.

Recomendaciones:

El Daiquiri, es el coctel más común del caribe, por ser una bebida refrescante, de hecho en Cuba es considerado el coctel más tradicional junto al mojito.

Negroni

Ingredientes:

Ginebra: 45 ml.
Campari: 45 ml.
Vermut rojo: 45 ml.
Hielo: 3-4 cubos

Preparación:

Para servir este coctel recomendamos un vaso old fashioned, clásico de whisky y lo primero que hacemos es enfriarlos con cubos de hielo y la ayuda de una cuchara.

Vertemos en el shaker o coctelera la ginebra, el campari y el vermut rojo, durante 15 segundos para lograr una perfecta mezcla.

Lo servimos sobre el vaso enfriado y añadimos hielo y para mejorar su presentación añadimos una cascara de naranja.

Recomendaciones:

Es importante haber enfriado los ingredientes previamente para evitar que los hielos grandes se derritan rápidamente, es una bebida fuerte y amarga para paladares exigentes.

Tom Collins

Ingredientes:

Ginebra: 50 ml.
Zumo de limón: 100 ml.
Soda: 100 ml.
Azúcar: 1 cucharada
Hielo: 3-4 cubos

Preparación:

En el shaker o coctelera colocamos hielo, el zumo de limón, el azúcar y por último la ginebra, batimos para obtener una mezcla perfecta.

Servimos en un vaso collins, también conocido como vaso tubo, adicionamos la soda y para hacer más agradable su presentación podemos añadir una cereza y una rodaja de naranja.

Recomendaciones:

Este coctel es de los más bajos en calorías, en climas cálidos es muy apetecido por ser refrescante y su bajo contenido alcohólico.

Además es muy fácil de preparar y no requiere de una coctelera

Mojito

Ingredientes:

Ron cubano: 60 ml.
Zumo de lima o limón: 30 ml.
Soda: 120 ml.
Hierbabuena: 8 hojas
Azúcar: 1 cucharada
Hielo: Picado
Limón: Medio limón picado o en cuartos
Pitillos: 2 Unidades

Preparación:

Para este coctel no usaremos el shaker o coctelera, solo usaremos el vaso collins. En primer lugar colocamos el azúcar, y las hojas de hierbabuena en el vaso y con la ayuda del mortero machacamos las hojas para que liberen su aroma, teniendo como precaución no romper las hojas.

Después aplicamos el zumo de limón y con una cuchara lo diluimos con el azúcar, luego aplicamos los trozos de limón y los machacamos, posteriormente agregamos el ron y el hielo picado hasta que el vaso se rebose.

Para servirlo colocamos una rama de hierbabuena, una rodaja de limón y un par de pitillos.

Recomendaciones:

Este coctel es dulce y refrescante gracias al sabor cítrico y el agradable olor de la hierbabuena. Algunas personas remplazan la hierbabuena por menta. Es considerado el coctel nacional de Cuba.

Caipirinha

Ingredientes:

Cachaza: 120 ml.
Limones: 2 unidades
Azúcar: 2 cucharadas
Hielo: Picado
Pitillos: 2 Unidades

Preparación:

Para este coctel no usaremos el shaker o cotelera, solo usaremos el vaso old fashioned. Procedemos a picar los limones en 4 partes, luego colocamos el azúcar y con el mortero machacamos los limones para mezclarlos con el azúcar, posteriormente aplicamos el hielo picado y agregamos la cachaza.

Para mejorar su presentación se puede servir con dos pitillos y no retire los limones machacados, para que vayan soltando su acidez.

Recomendaciones:

Este coctel es la bebida típica de Brasil y la más reconocida de a nivel mundial de este país. Cuando no tenemos cachaza la podemos remplazar por vodka. Este coctel se debe beber con pitillo, para ir tomando de la parte baja del vaso donde se mezclan el zumo de limón, el azúcar y la cachaza.

Mai Tai

Ingredientes:

Ron Añejo: 80 ml.
Ron blanco: 80 ml.
Triple seco: 15 ml.
Zumo de lima: 30 ml.
Amaretto: 15 ml.
Zumo de piña: 80 ml.
Azúcar: 1 cucharada
Hielo: Picado

Preparación:

Vertemos en el shaker o coctelera, el zumo de lima, el zumo de piña, el amaretto, el azúcar, el triple seco, el ron añejo, el ron blanco, y los batimos durante 15 segundos para lograr una mezcla perfecta entre los ingredientes.

Posteriormente aplicamos 1 o 2 cucharadas de hielo picado y batimos durante unos segundos para enfriar la mezcla. Finalmente lo servimos en un vaso old fashioned, y lo decoramos con 2 cerezas en un palillo y un trozo de piña en forma triangular y una paja o pitillo.

Recomendaciones:

Este coctel es una bebida muy refrescante por su alto contenido cítrico, se recomienda tomarlo con pitillo en pequeños sorbos para degustarlo mejor, en algunas partes agregan zumo de granadina para lograr un sabor más dulce.

Martini

Ingredientes:

Vodka: 75 ml.
Vermut seco: 15 ml.
Hielo: 4-5 Cubos
Aceitunas: 3 Unidades

Preparación:

Primero que todo enfriamos la copa Martini, el vodka y el vermut seco, por 1 hora aproximadamente en el refrigerador. Luego vertemos en el shaker o coctelera, el vodka, el vermut seco y batimos durante 15 segundos.

Posteriormente servimos esta mezcla en la copa Martini, adicionamos las tres aceitunas sujetadas por un pincho y opcionalmente podemos colocar una rodaja de limón como decoración o una cascara de limón

Recomendaciones:

Este coctel es una de las bebidas más elegantes y sobrias, cuenta con famosos fanáticos como James Bond y Frank Sinatra, entre otros. Algunas personas prefieren cambiar el vodka por ginebra, algunos lo prefieren batido y otros revuelto.

Tenga en cuenta que este coctel tiene alto grado alcohólico, ya que no tiene diluyentes como sodas o zumos de algún cítrico, por lo tanto se debe tomar con moderación

Piña colada

Ingredientes:

Ron Blanco: 100 ml.
Leche de coco: 60 ml.
Zumo de piña: 100 ml.
Hielo: 3-4 Cubos

Preparación:

Primero que todo aplicamos hielo picado en el shaker o coctelera, añadimos la leche de coco, el zumo de piña y por último el ron blanco, batimos durante unos 20 segundos.

Posteriormente lo servimos en una copa huracán, finalmente lo podemos decorar con pequeños triángulos de piña en el borde.

Recomendaciones:

Este coctel combina ritmo y sabor, es el ideal coctel playero, desde 1978 fue declarada la bebida nacional puertorriqueña. Algunas personas le agregan leche condensada para prepararla más dulce. Opcionalmente también se puede escarchar con jugo de piña y coco rallado.

Por el coco es un coctel dulce y refrescante, la recomendación es tomarlo bien frio.

Sidecar

Ingredientes:

Coñac: 50 ml.
Triple seco: 20 ml.
Zumo de limón: 20 ml.
Hielo: 3-4 Cubos

Preparación:

Vertemos en el shaker o la coctelera los ingredientes en el siguiente orden: el sumo de limón, el triple seco, los cubos de hielo y por último el coñac.

Batimos durante unos 20 segundos, y después servimos esta mezcla en una copa Martini enfriada previamente y con la ayuda de un colador retiramos los hielos.

Por último podemos decorarla con una rodaja de limón o una cascara de naranja en espiral.

Si lo deseas puedes escarchar la copa con azúcar y la combinación entre el limón y el azúcar proporcionan un equilibrio perfecto entre lo ácido y lo dulce.

Recomendaciones:

Este coctel es ideal como aperitivo para disfrutarlo antes de una cena o una comida. Algunas personas cambian el coñac por brandy.

Gin tonic

Ingredientes:

Ginebra: 50 ml.
Tónica: 150 ml.
Zumo de limón: 20 ml.
Hielo: 4-5 Cubos

Preparación:

Para este coctel no necesitamos shaker o coctelera, necesitaremos una copa de balón, primero colocamos el hielo en cubos y con una cuchara lo vamos removiendo para enfriar la copa.

Luego agregamos el zumo de limón, posteriormente agregamos la ginebra y finalmente vertemos la tónica suavemente con la cuchara trenzada para evitar que no se pierda la burbuja.

Finalmente revolvemos suavemente y decoramos la copa con una rodaja de limón.

Recomendaciones:

Es muy importante tener fríos los ingredientes y la copa, con esto retrasaremos el descongelamiento de los hielos.

Es una bebida que se debe tomar equilibradamente si lo haces muy rápido no lo disfrutaras y si lo haces muy lento el hielo se derretirá y aguara el Gin tonic. De ahí la importancia que sea una copa, porque en un vaso, calentaremos el coctel.

Black Russian

Ingredientes:

Vodka: 60 ml.
Licor de café: 30 ml.
Hielo: 4-5 Cubos

Preparación:

Para este coctel no necesitamos shaker o coctelera, necesitaremos un vaso tipo old fashioned o vaso de whisky, vertemos el hielo, luego el licor de café, y por último el vodka.

Removemos bien estos ingredientes con una cuchara imperial o cuchara trenzada, para mezclarlos perfectamente y finalmente decoramos con cerezas al marrasquino.

Recomendaciones:

Este coctel le podemos agregar cola y lo convertiríamos en un Dirty Black Russian, que es una de las variantes más conocidas, es una bebida simple pero a la vez elegante y una delicia para el paladar.

Cosmopolitan

Ingredientes:

Vodka: 45 ml.
Triple seco: 15 ml.
Zumo de arándanos: 45 ml.
Zumo de lima o limón: 15 ml.
Hielo: 4-5 Cubos

Preparación:

Vertemos en el shaker o coctelera el hielo picado, el zumo de lima o limón, el zumo de arándanos, luego el triple seco y por último el vodka, batimos por cerca de 20 segundos asegurando una mezcla perfecta y fría.

Finalmente servimos la bebida en una copa Martini, con la ayuda de un colador para evitar que los hielos caigan a la copa y decoramos con una rodaja de limón o una cascara de naranja en forma de espiral.

Recomendaciones:

Este coctel se caracteriza por su sabor frutal y tiene una apariencia sobria y glamurosa, es una bebida para tomar en las últimas horas del día.

Algunas personas escarchan la copa con azúcar para equilibrar el ácido del coctel.

Destornillador

Ingredientes:

Vodka: 50 ml.
Zumo de naranja: 150 ml.
Hielo: 4-5 Cubos

Preparación:

Para este coctel no necesitamos el shaker o coctelera, lo podemos hacer en el vaso mezclador o directamente sobre el vaso, que puede ser un vaso Collins o vaso tubo, llenamos el vaso con los cubos de hielo hasta ¾ partes, luego agregamos el zumo de naranja, luego el vodka y revolvemos.

Finalmente decoramos el vaso con una rodaja de naranja y opcionalmente podemos colocar dos pitillos para beberlo.

Recomendaciones:

Este coctel también es llamado jugo de naranja con vodka, el destornillador es el segundo coctel más vendido en todo el mundo después del bloody mary.

Por ser solo dos ingredientes es fundamental que el vodka sea de buena calidad y las naranjas naturales para garantizar un éxito en la preparación del coctel.

Old Fashioned

Ingredientes:

Whisky: 60 ml.
Soda: 150 ml.
Azúcar: 1 Terrón
Angostura: 1 Chorro
Hielos: 3-4 Cubos

Preparación:

Para este coctel no necesitamos el shaker o coctelera, lo podemos hacer directamente sobre el vaso, que puede ser un vaso old fashioned, en el cual depositamos el chorro de angostura y el terrón de azúcar, lo dejamos cerca de 2 minutos para que se diluyan.

Posteriormente agregamos la soda, el hielo y el whisky suavemente posteriormente revolvemos para obtener una mezcla perfecta.

Finalmente decoramos el vaso con una corteza de naranja en forma de espiral y cerezas al marrasquino.

Recomendaciones:

Algunos puristas especializados prefieren el coctel Old fashioned sin adornos de cítricos ni cerezas. Es un coctel clásico con más de 100 años de su creación.

Esta bebida es considerada el primer coctel de la historia y para los expertos es el padre de la coctelería.

Gimlet

Ingredientes:

Ginebra: 90 ml.
Zumo de lima: 20 ml.
Soda: 15 ml.
Limón: 2 Rodajas
Hielo: 3-4 cubos

Preparación:

Este coctel se disfruta mejor bien frio, por lo tanto la recomendación es enfriar los ingredientes, empezamos vertiendo en el shaker o coctelera, los cubos de hielo, el zumo de lima y la ginebra.

Agitamos durante unos 15 segundos y servimos en una copa tipo Martini, posteriormente aplicamos la soda, revolvemos con una cuchara y decoramos la copa con trenzada 2 rodajas de limón y a disfrutar.

Recomendaciones:

Algunas personas remplazan la ginebra por el vodka, también hay personas que prefieren incrementar el zumo de lima, para generar un sabor más ácido, al ser un trago con pocos ingredientes algunas personas lo preparan sin shaker. Hay quienes lo prefieren en las rocas y otros sin hielo, pero siempre se debe degustar frio.

Sex on the beach

Ingredientes:

Vodka: 50 ml.
Licor de melocotón: 30 ml.
Zumo de naranja: 125 ml.
Zumo de arándanos: 10 ml
Hielo: 3-4 cubos

Preparación:

Vertemos en el shaker o coctelera el jugo de naranja, el licor de melocotón, los cubos de hielo y el vodka, batimos durante 15 segundos, luego aplicamos el zumo de arándanos y batimos por 5 segundos.

Servimos en una copa alta y ancha, para decorar la copa le colocamos una media rodaja de naranja, un par de pajitas y una sombrilla para darle un toque tropical y refrescante.

Recomendaciones:

Este es un coctel de sabor dulce, que fue creado inicialmente para la comunidad joven en los años 80, Esta bebida es excitante y muy apetecido en las playas, es considerado afrodisiaco por algunas personas, su color naranja y rojizo te trasladan a un atardecer.

Se puede escarchar la copa con naranja y azúcar.

Rusty Nail

Ingredientes:

Whisky escoces: 45 ml.
Drambuie: 45 ml.
Hielo: 4-5 cubos
Limón: 1 Rodaja

Preparación:

Para este coctel no necesitamos el shaker o coctelera, lo podemos hacer directamente sobre el vaso, que puede ser un vaso old fashioned.

Posteriormente depositamos los cubos de hielo, luego agregaremos el drambuie, el whisky, batimos con una cuchara trenzada y finalmente agregamos una rodaja de limón para darle un toque acido a la bebida. O si lo prefiere la puede colocar en el borde del vaso.

Recomendaciones:

Este es un coctel excelente para la noche, es considerada una de las mejores bebidas para tomar antes de acostarse. El drambuie le da un toque profundo e intenso.

Es un libro que hace parte de la serie

**De antemano agradezco la lectura a este
libro, los invito a leer los otros libros de esta
serie, recibo todas las críticas y opiniones
que me quieran dar, para mejorar
este los próximos libros,
corríjanme por favor,
através de mi correo:**

info@apoyografico.com.co

9 7 9 8 7 3 4 8 3 1 2 2 9